DAILY EXERCISES FOR THE FLUTE

(EJERCICIOS DIARIOS PARA LA FLAUTA)

by ANDRÉ MAQUARRE

Ed. 1899

G. SCHIRMER, Inc.

DISTRIBUTED BY

HAL•LEONARD®
CORPORATION

7777 W. BLUEMOUND RD. P.O. BOX 13819 MILWAUKEE, WI 53213

INTRODUCTORY NOTE

By "clean technic" we do not mean a rapid fire of notes, but an even, slow passing-over from one tone to another without a blur. For instance, in passing from B to C# two fingers must leave exactly together; if one leaves a hundredth part of a second after the other, you will hear a C♮ in between. That is not clean. It is the same with all intervals where you have more than one finger to lift up, and this occurs in flute fingering oftener than with any other wood-wind instrument.

The best way to test a clean technic is to try the flute-part of a Mozart symphony; *it looks easy, and must sound easy.* Do not forget that, without a clean technic, it is impossible to become an artist or to play even the simplest melody artistically. Evenness and beauty of tone will improve with the strengthening of the action of the lips while playing these passages. After a while you will be able to forget the difficulties of the flute and to think only how the music should be phrased; then you will have entered the path leading to finished artistry. Let this book be your guide during one hour every day—*this means 365 days in the year*—and for as many years as may be required to make its precepts a second nature.

In case any passage does not sound clean, change the rhythm. For example, if written thus: 𝅘𝅥 𝅘𝅥 𝅘𝅥 𝅘𝅥 , play it 𝅘𝅥. 𝅘𝅥 𝅘𝅥. 𝅘𝅥 , then reverse to 𝅘𝅥 𝅘𝅥. 𝅘𝅥 𝅘𝅥. and then try it again in equal notes. Each exercise may be repeated six or seven times, and when it does not go over the C above the staff, play it first as written, and then an octave higher.

ANDRÉ MAQUARRE
Solo Flute, Boston Symphony Orchestra
(1893-1918)

INTRODUCCIÓN

Cuando se habla de "técnica limpia„ no se trata de una corrida rápida de nota tras nota, sino más bien, de un paso lento que permita ir de un tono a otro sin el menor estorbo ni borrón. Por ejemplo, al pasar de Si a Do sostenido los dos dedos tienen que dejar al mismo tiempo; si uno de los dos déjase antes que el otro, aunque no fuera sino un segundo antes, se oiría un Do natural, en el ínterin. Esa no sería limpiez. Es lo mismo con todos los intervalos donde hay que levantar más de un dedo, y esto ocurre en la digitación para fláuta mucho más que en la de cualquier otro instrumento de viento y madera.

Le mejor manera de hacer la prueba para ver si la técnica es limpia, es la de tocar la parte de la fláuta en una de las sinfonías de Mozart; *la cual parece fácil, y debe sonar fácil.* No hay que olvidarse que sin una técnica limpia es imposible ser artista y que no se podrá tocar la melodía más sencilla de una manera artística. La igualdad y la hermosura del tono irá siendo más segura, según se vaya reforzando el movimiento de los labios al ejecutar dichos pasajes. Después de algún tiempo uno llega a olvidarse las dificultades de la técnica y a pensar solamente en el fraseo correcto de la música; a este punto se hábra entrado al camino que conduce a ser un artista acabado. Dejad que este libro os guíe por una hora diaria—*esto quiere decir 365 dias en el año*—y empleadlo por tantos años como puedan seros útiles para que sus preceptos se vuelvan parte de vosotros mismos.

Si caso alguno de los pasajes dados no sónase limpio, hay que cambiarle el ritmo. Por ejemplo, si está escrito así 𝅘𝅥 𝅘𝅥 𝅘𝅥 𝅘𝅥 , tocadlo 𝅘𝅥. 𝅘𝅥 𝅘𝅥. 𝅘𝅥 , y luego al reves 𝅘𝅥 𝅘𝅥. 𝅘𝅥 𝅘𝅥. y luego haced la prueba nuevamente con notas iguales. Cada ejercicio puede repetirse de seis a siete veces y si no se extiende más allá del Do encima de la pauta, habrá que tocarlo primeramente como esté escrito y después una octava más arriba.

ANDRÉ MAQUARRE
*Primer Flautista de la
Orquesta Sinfónica de Boston*
(1893-1918)

General Rules

Reglas Generales

(1) When ascending, play *crescendo*:
Al ascender, tocad *crescendo*:

When descending, play *diminuendo*:
Al descender, tocad *diminuendo*:

This is the natural rule for the voice, and equally so for the flute.

Esta es la regla general aplicable a la voz, y lo es igualmente para la fláuta.

(2) When the measure consists of notes of equal length, take breath, if needful, after the first note of the measure. When notes are unequal, take breath after the longest note. For example:

(2) Si el compás es de notas de igual valor, hay que respirar después de la primera nota, si es necesario. Si las notas son desiguales, hay que respirar después de la nota más prolongada. Por ejemplo:

N. B. Do not shorten the note, and try not to lose time in breathing.

N. B. No hay que acortar la nota, y no hay que perder tiempo al respirar.

(3) For fingering always employ, not the easiest, but the truest to pitch. Take F♯ with the right-hand 3rd finger, in all octaves and everywhere, excepting when the F♯ comes between two E's or next to a high B♮.

(3) En cuanto se trata de digitación, no siempre se emplea la que es más fácil, sino más bien la del diapasón más exacto. El Fa sostenido debe tocarse con el tercer dedo de la mano derecha, en todas las octavas y en cualquier lugar que se halle, exceptuando cuando el Fa sostenido esté entre dos Mi o al lado de un Si♮ agudo.

Examples:
Ejemplos:

When practicing, do not take B♭ with the thumb, but with the right-hand 1st finger.

Al practicar no hay que tocar el Si bemol con el pulgar, sino con el primer dedo de la mano derecha.

(4) For trill-fingering many Flute Methods give a good chart; the best is in the Altès School for Flute (Paris). When practicing, be careful never to employ "faked" fingering; on request I shall be glad to tell the reason.

(4) Muchos de los Métodos para Fláuta dan una mapa para la digitación del trino; la mejor de estas está en la Altès School para Fláuta (Paris). Al practicar tened ciudado de no usar jamás digitación falsificado; si se me tide yo daré las razones para ello.

Daily Exercises | Ejercicios Diarios

Andŕe Maquarre

These exercises are good for a lifetime. Let them be your daily morning associate. You will always be able to improve your playing of them, for perfection is difficult of attainment. Do not forget that, without a clean, smooth technic, you can never hope to become an artist.

Estos ejercicios son buenos para toda una vida. Estudiadlos cotidianamente. Por medio de ellos podreis amejorar vuestra ejecución, pues la perfección es algo difícil de adquirir. No olvideis que sin una técnica límpida y pulida, jamás podreis esperar ser artistas.

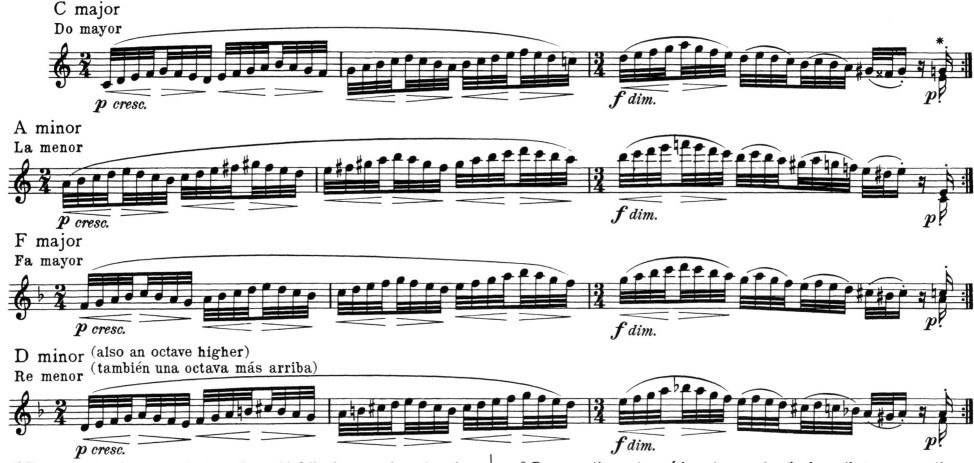

C major
Do mayor

A minor
La menor

F major
Fa mayor

D minor (also an octave higher)
Re menor (también una octava más arriba)

* To repeat, play the upper note; to continue with following exercise, play the lower note.

Play these Scales every day, slowly at first, repeating each six times. Listen carefully to each interval, for example C to D, E to F♯, B♭ to C, also to each interval where more than one finger moves.

* Para repetir, se tocará la nota superior (la de arriba): para continuar con el ejercicio siguiente, se tocará la nota inferior (la de más abajo).

Tocad estas escalas diariamente, repitiéndolas siquiera unas seis veces; despacio al empezar. Escuchad cuidadosamente cada uno de los intervalos, por ejemplo de Do a Re, Mi a Fa, Si bemol a Do y así como también a cada intervalo donde se utilice más de un dedo.

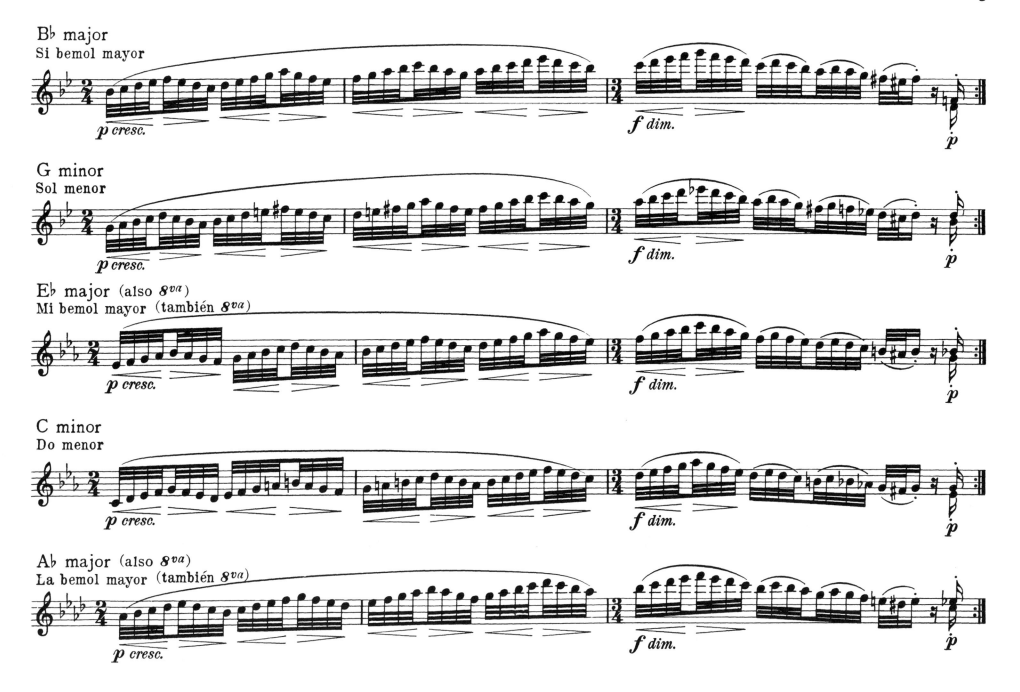

6

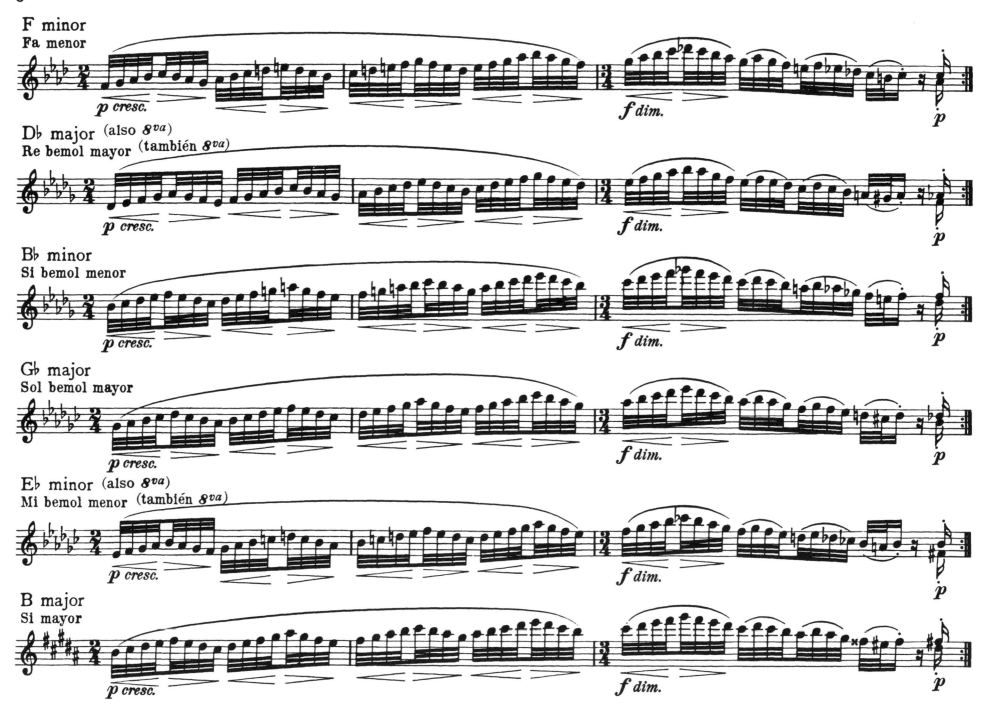

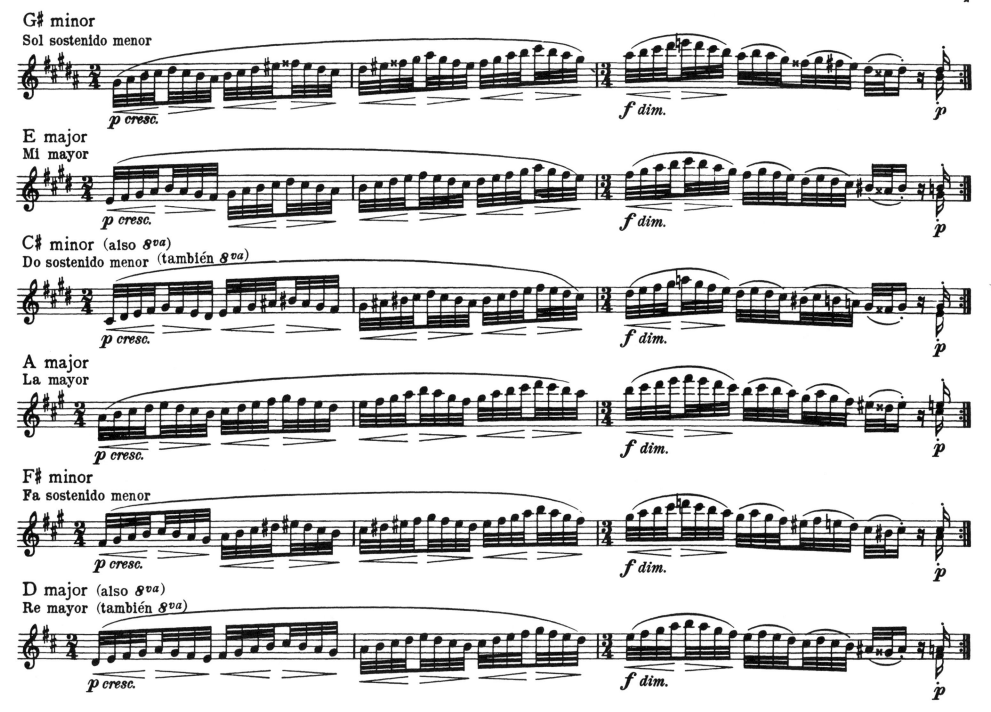

8

B minor
Si menor

G major
Sol mayor

E minor (also *8ᵛᵃ*)
Mi menor (también *8ᵛᵃ*)

C major
Do mayor

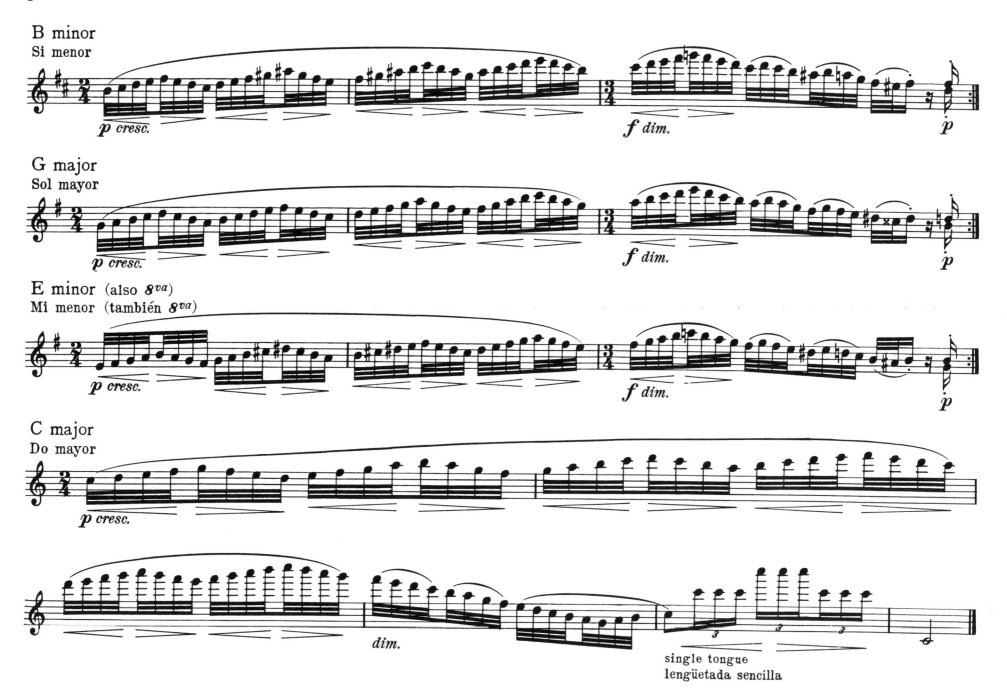

single tongue
lengüetada sencilla

Chromatic Scales

Escalas Cromáticas

This exercise should be transposed one half-tone higher, to D♭ and one whole tone higher, to D.

Este ejercicio debe transportarse medio tono mas arriba, a Re bemol, y un tono más arriba, a Re.

10

No. 1

When a passage is very difficult, try it uneven; for example: ⟶ and reverse:
Cuando un pasaje es muy difícil, tratad de tocarlo desigualmente; por ejemplo: y reverso:

C major
Do mayor

p cresc.

A minor
La menor

F major
Fa mayor

D minor
Re menor

B♭ major
Si bemol mayor

G minor
Sol menor

E♭ major
Mi bemol mayor

C minor
Do menor

A♭ major
La bemol mayor

F minor
Fa menor

D♭ major
Re bemol mayor

B♭ minor
Si bemol menor

Gb major
Sol bemol mayor

Eb minor
Mi bemol menor

B major
Si mayor

G# minor
Sol sostenido menor

E major
Mi mayor

C# minor
Do sostenido menor

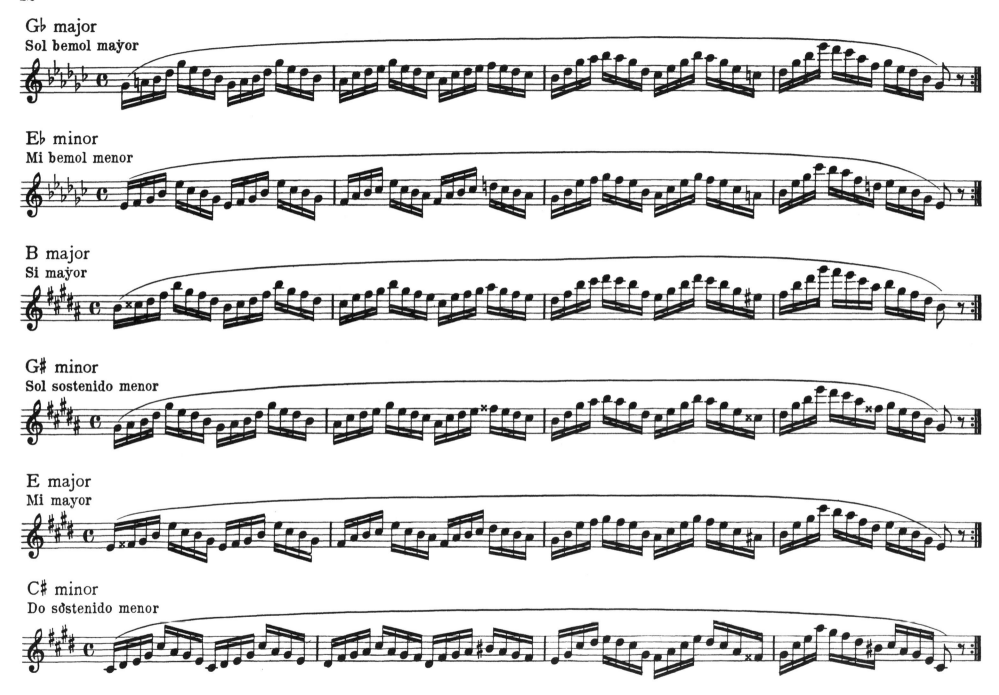

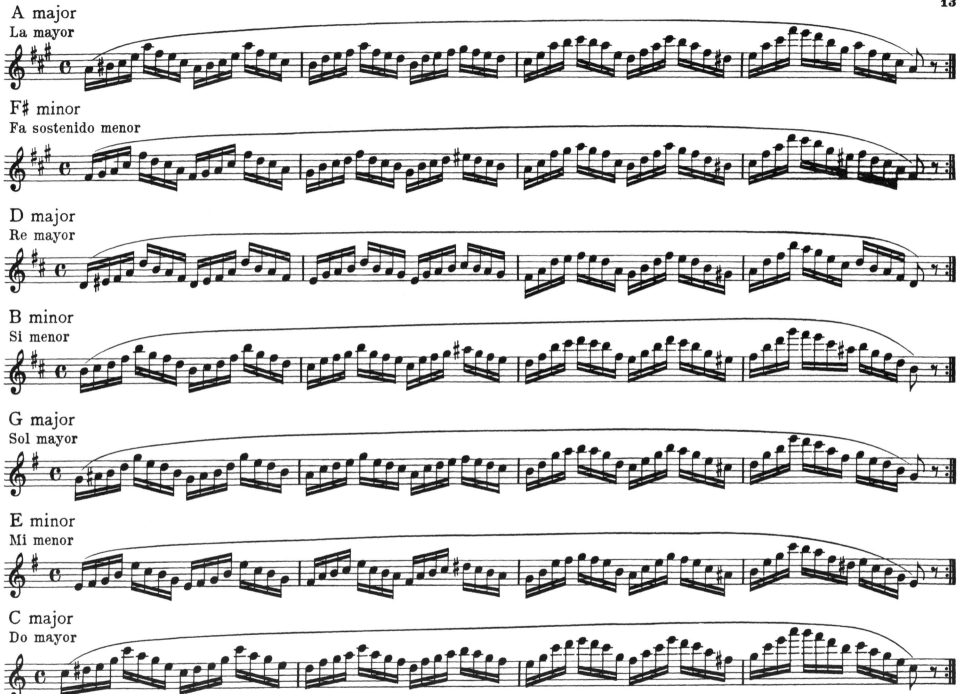

No. 2

This is an exercise for the lips. Be careful that each skip sounds smooth, without forcing the upper note.
Este ejercicio es para los labios. Atended a que cada salto sea liso sin forzar la nota superior.

C major
Do mayor
Very smooth
Muy liso

A minor
La menor

F major
Fa mayor

D minor
Re menor

B♭ major
Si bemol mayor

G minor
Sol menor

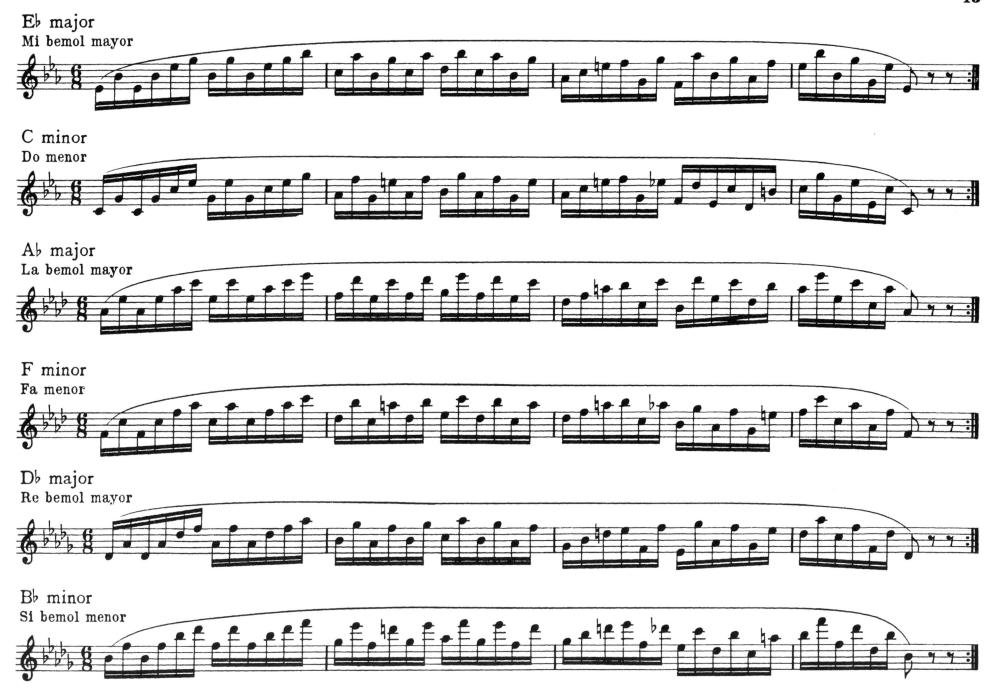

G♭ major
Sol bemol mayor

E♭ minor
Mi bemol menor

B major
Si mayor

G♯ minor
Sol sostenido menor

E major
Mi mayor

C♯ minor
Do sostenido menor

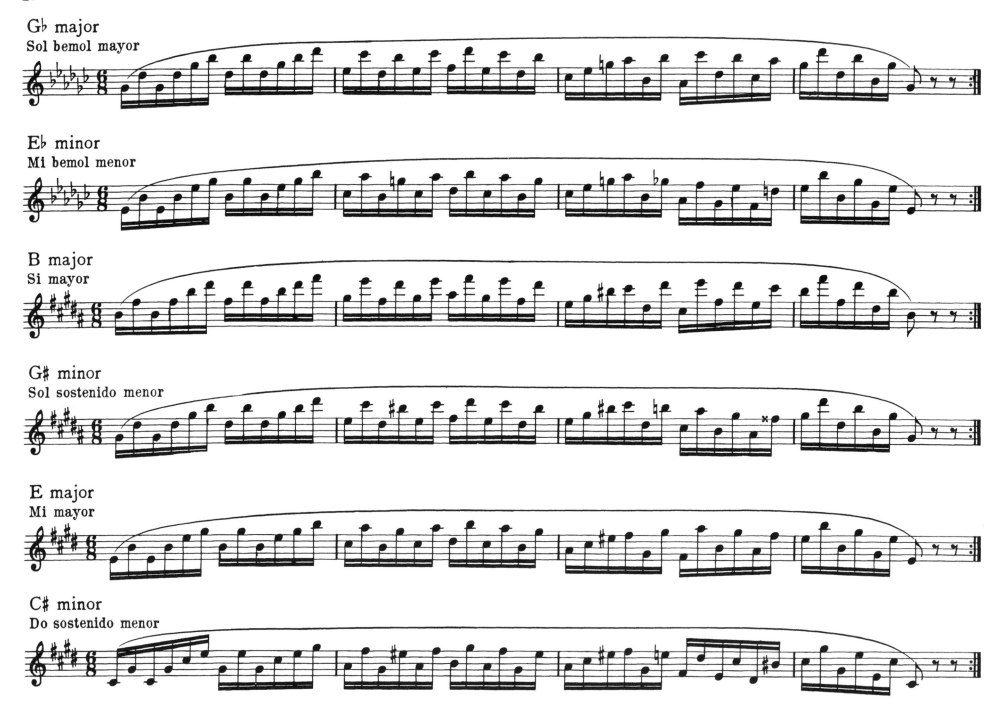

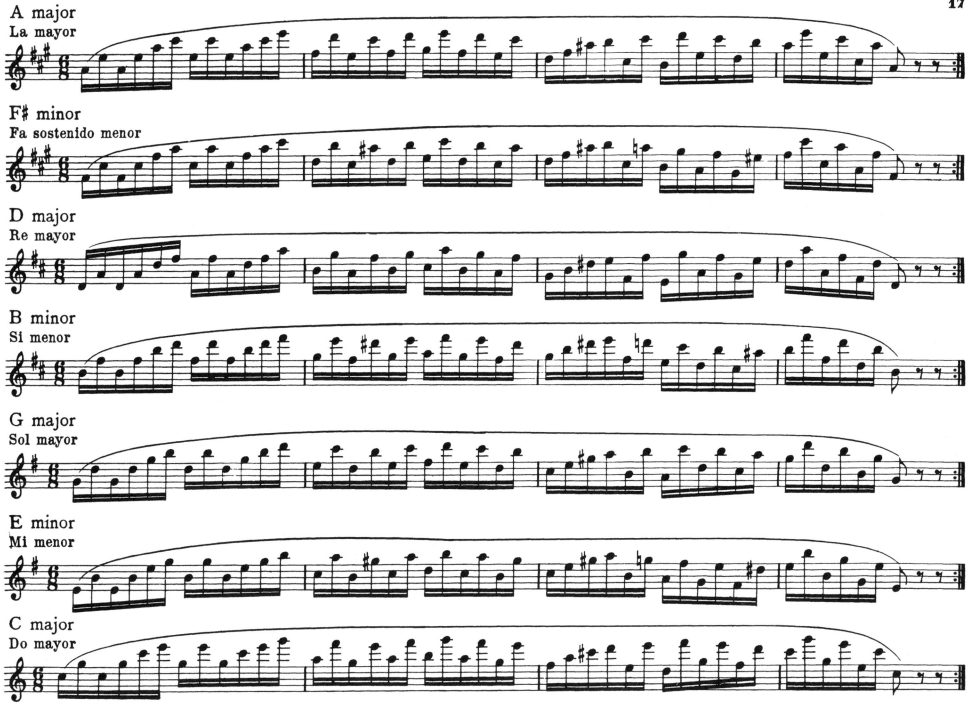

No. 3
C major
Do mayor

The last three bars of this exercise should be played evenly, as in the Schumann Spring Symphony:

Los tres últimos compases de este ejercicio deben tocarse uniformemente, tal como en la Sinfonía de Primavera de Schumann:

and not (as usual)
y no (como se acostumbra)

F major
Fa mayor

B♭ major
Si bemol mayor

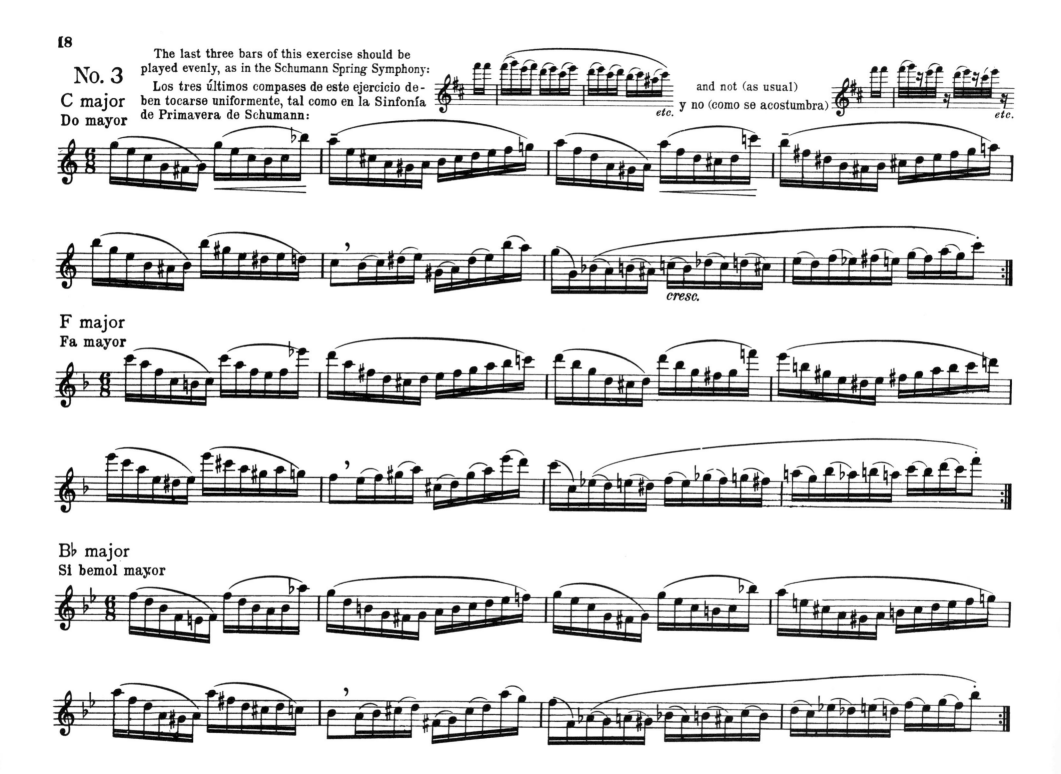

19

Eb major
Mi bemol mayor

Ab major
La bemol mayor

Db major
Re bemol mayor

Gb major
Sol bemol mayor

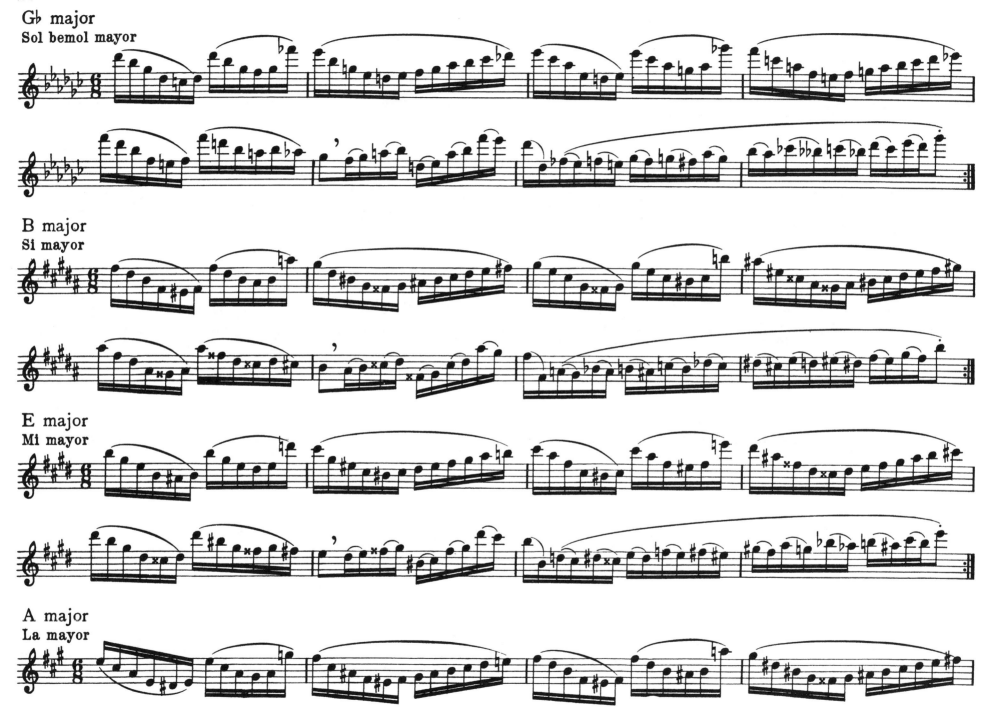

B major
Si mayor

E major
Mi mayor

A major
La mayor

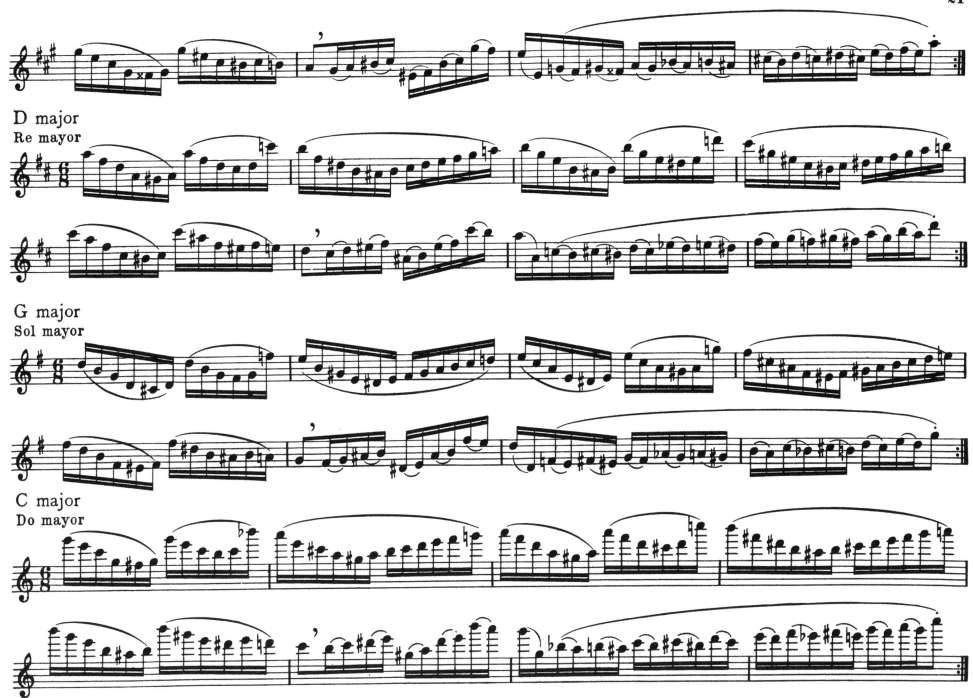

D major
Re mayor

G major
Sol mayor

C major
Do mayor

No. 4

In a fast tempo, if you use trill fingering, make the semitone *exactly* (not *nearly*) true to pitch. Then you will see that the principal note must also be true to pitch, whatever fingering you take.

En tempo de prisa, si utilizais la digitación del trino, tocad el semitono exactamente (no casi) en diapasón perfecto. Entonces vereis que la nota principal también estará en diapasón perfecto, sin que importe la digitación que se use.

C major
Do mayor

A minor
La menor

F major
Fa mayor

D minor
Re menor

B♭ major
Si bemol mayor

G minor
Sol menor

Gb major
Sol bemol mayor

Eb minor
Mi bemol menor

B major
Si mayor

G# minor
Sol sostenido menor

E major
Mi mayor

C# minor
Do menor

25

Eb major
Mi bemol mayor

C minor
Do menor

Ab major
La bemol mayor

F minor
Fa menor

Db major
Re bemol mayor

Bb minor
Si bemol menor

G♭ major
Sol bemol mayor

E♭ minor
Mi bemol menor

B major
Si mayor

G♯ minor
Sol sostenido menor

E major
Mi mayor

C♯ minor
Do sostenido menor

A major
La mayor

F♯ minor
Fa sostenido menor

D major
Re mayor

B minor
Si menor

G major
Sol mayor

E minor
Mi menor

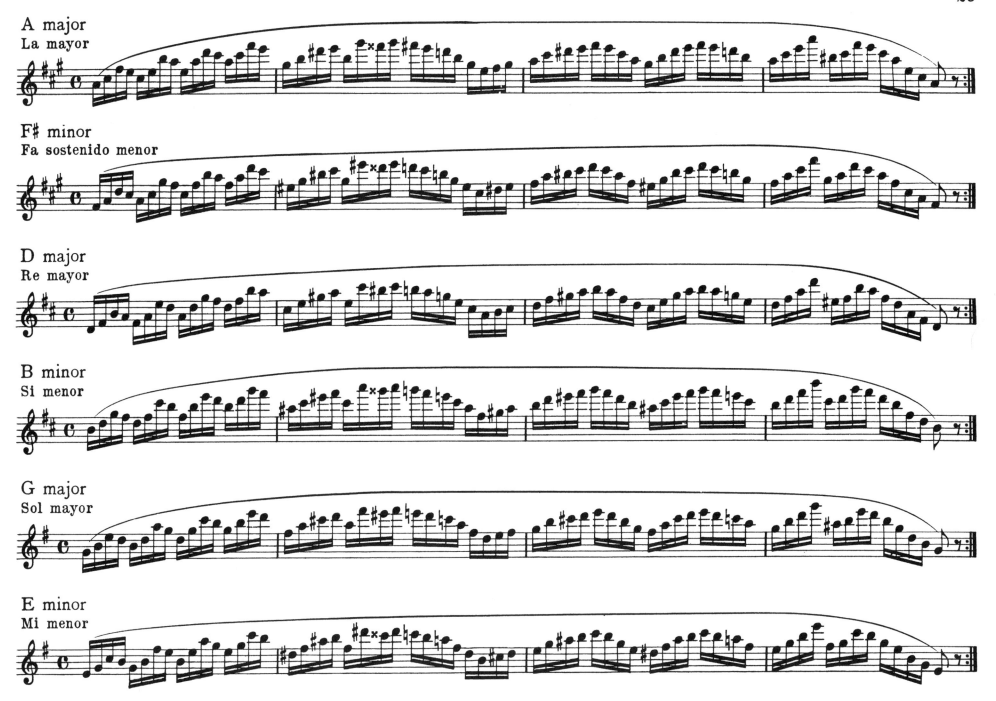

No. 6

Any note alternating with two notes of equal pitch must be taken with trill fingering.

Cualquier nota que se alterna con otras dos notas de igual diapasón se tiene que tocar con la digitación del trino.

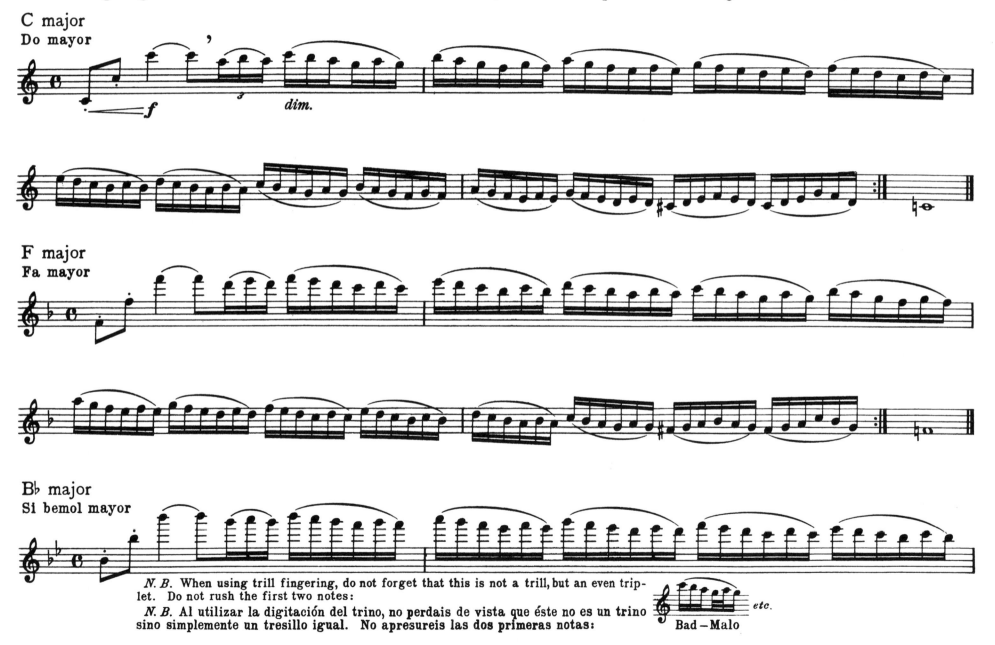

C major
Do mayor

F major
Fa mayor

B♭ major
Si bemol mayor

N. B. When using trill fingering, do not forget that this is not a trill, but an even triplet. Do not rush the first two notes:

N. B. Al utilizar la digitación del trino, no perdais de vista que éste no es un trino sino simplemente un tresillo igual. No apresureis las dos primeras notas:

Bad – Malo

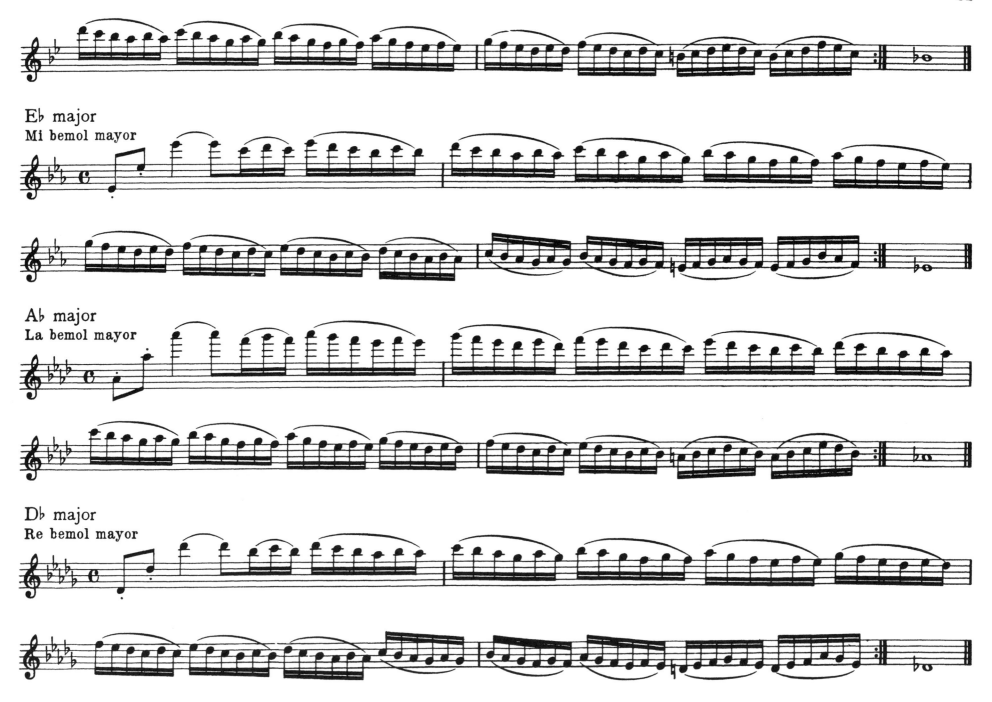

Eb major
Mi bemol mayor

Ab major
La bemol mayor

Db major
Re bemol mayor

G♭ major
Sol bemol mayor

B major
Si mayor

E major
Mi mayor

A major
La mayor

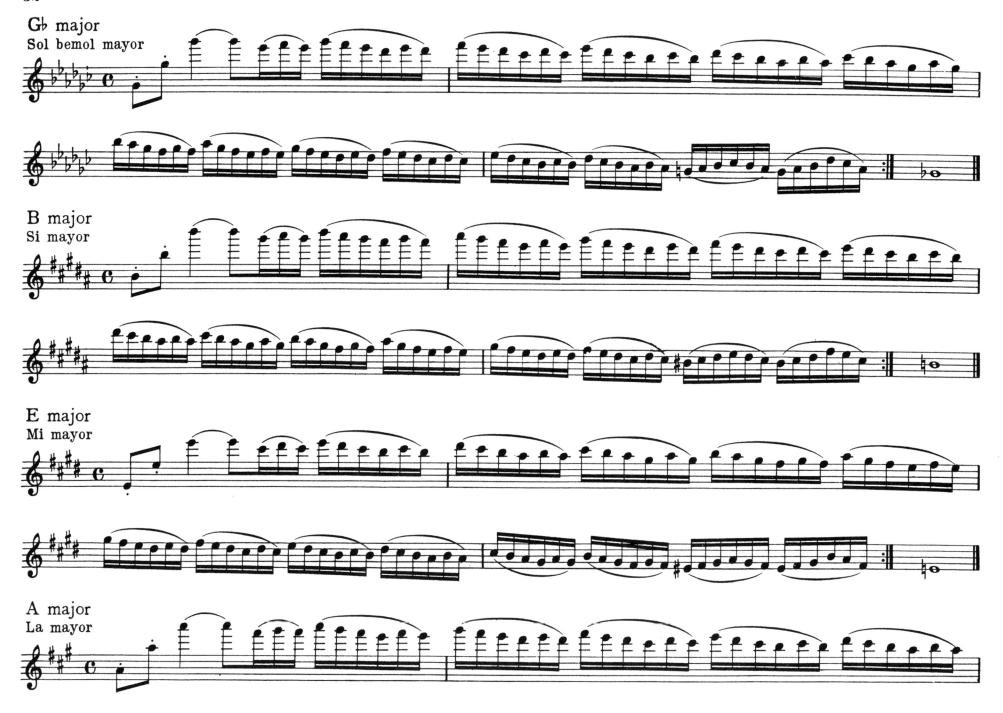

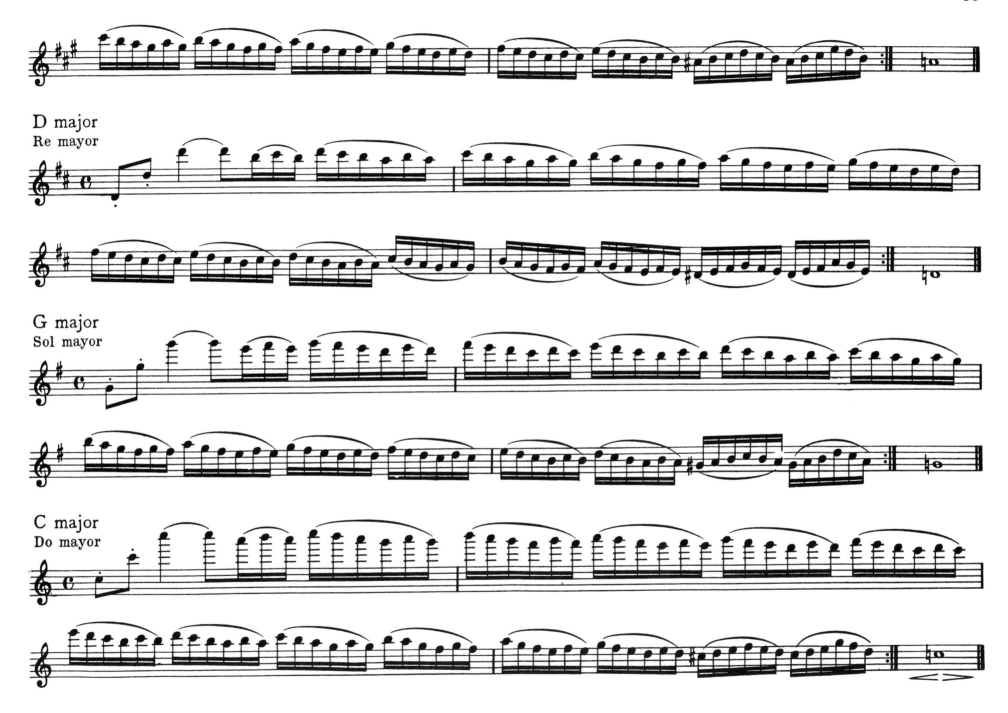

D major
Re mayor

G major
Sol mayor

C major
Do mayor

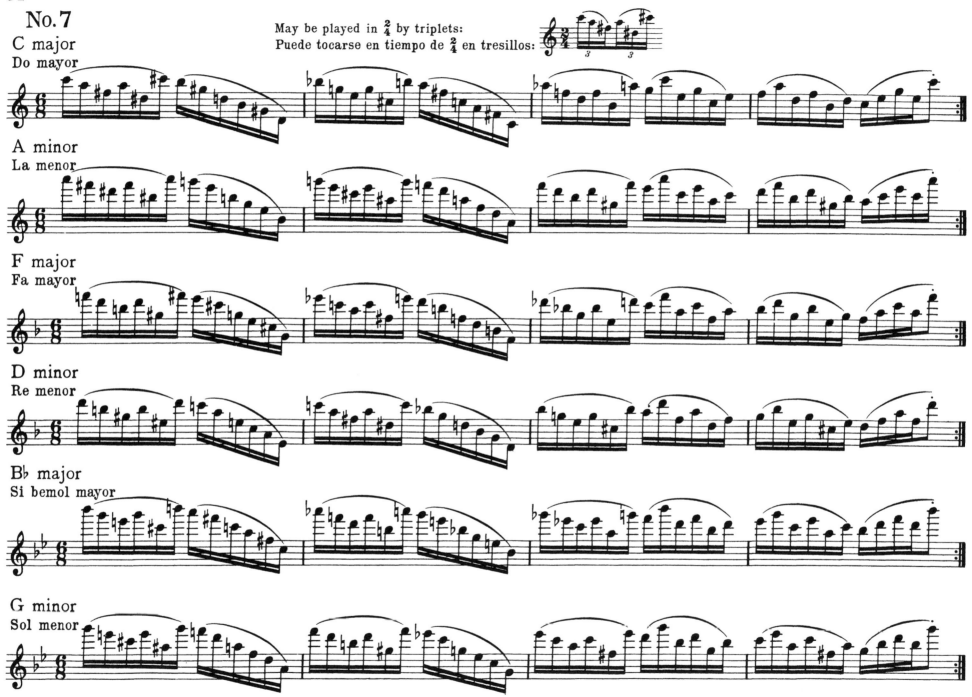

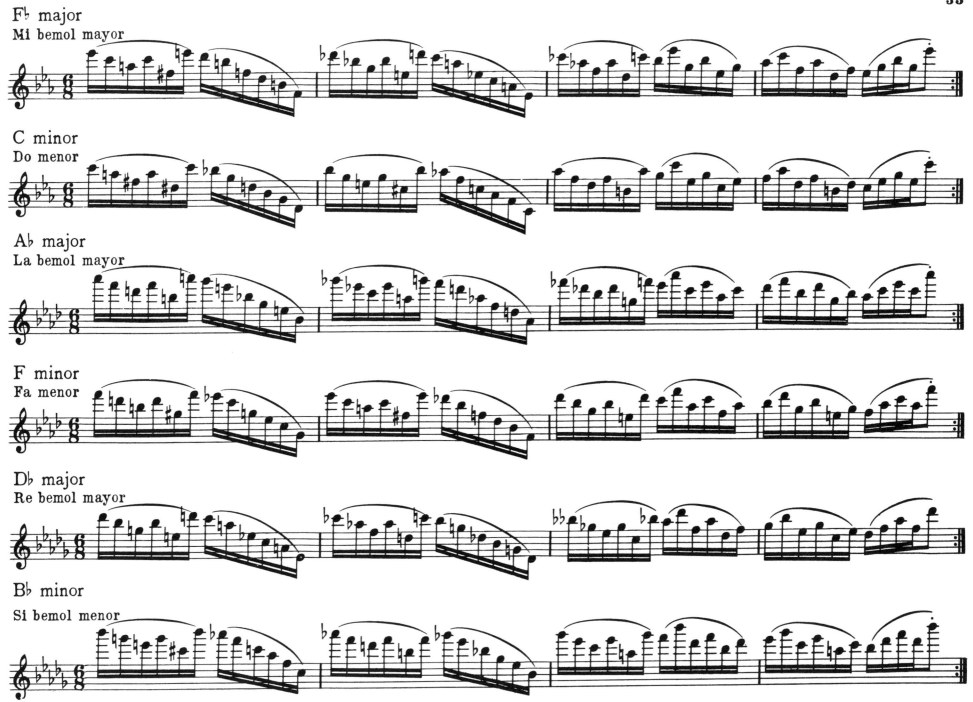

Gb major
Sol bemol mayor

Eb minor
Mi bemol menor

B major
Si mayor

G# minor
Sol sostenido menor

E major
Mi mayor

C# minor
Do sostenido menor

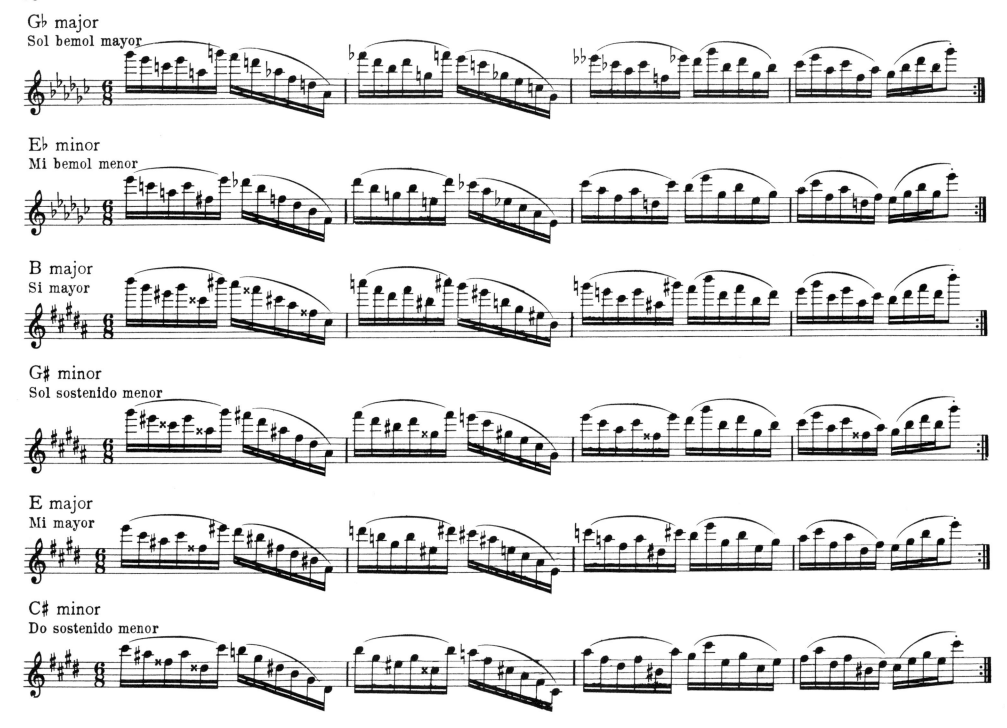

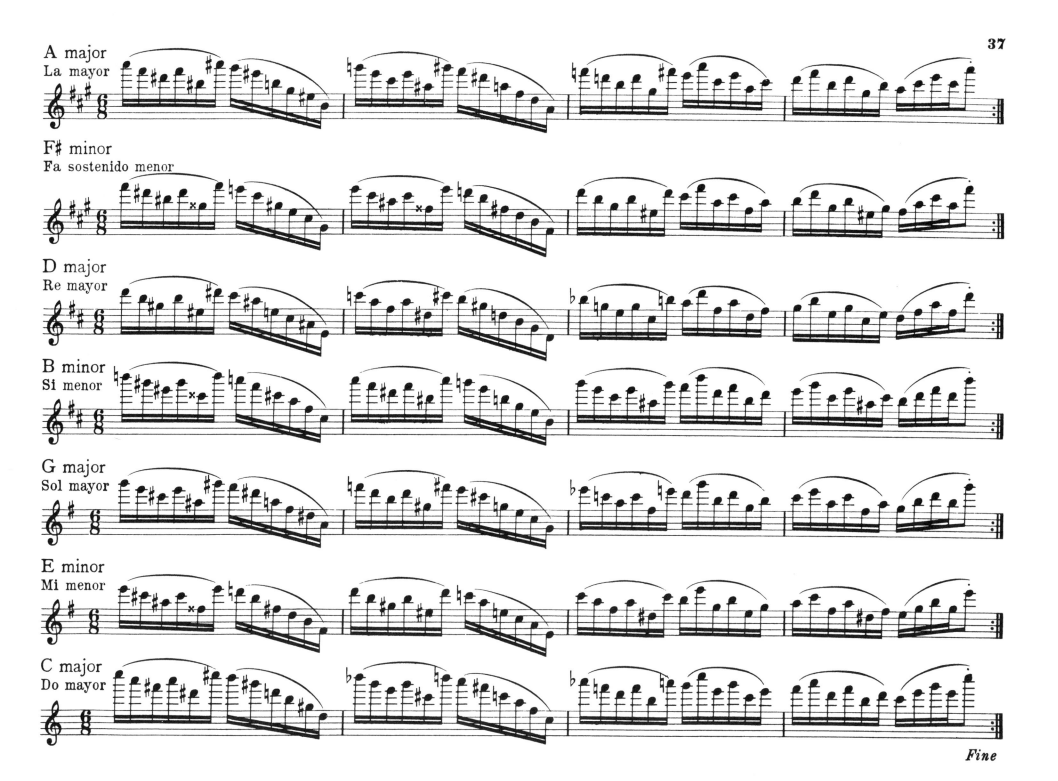

Fine